Valentina Harper

Malen für die Seele
MANDALAS

TRINITY
KREATIV

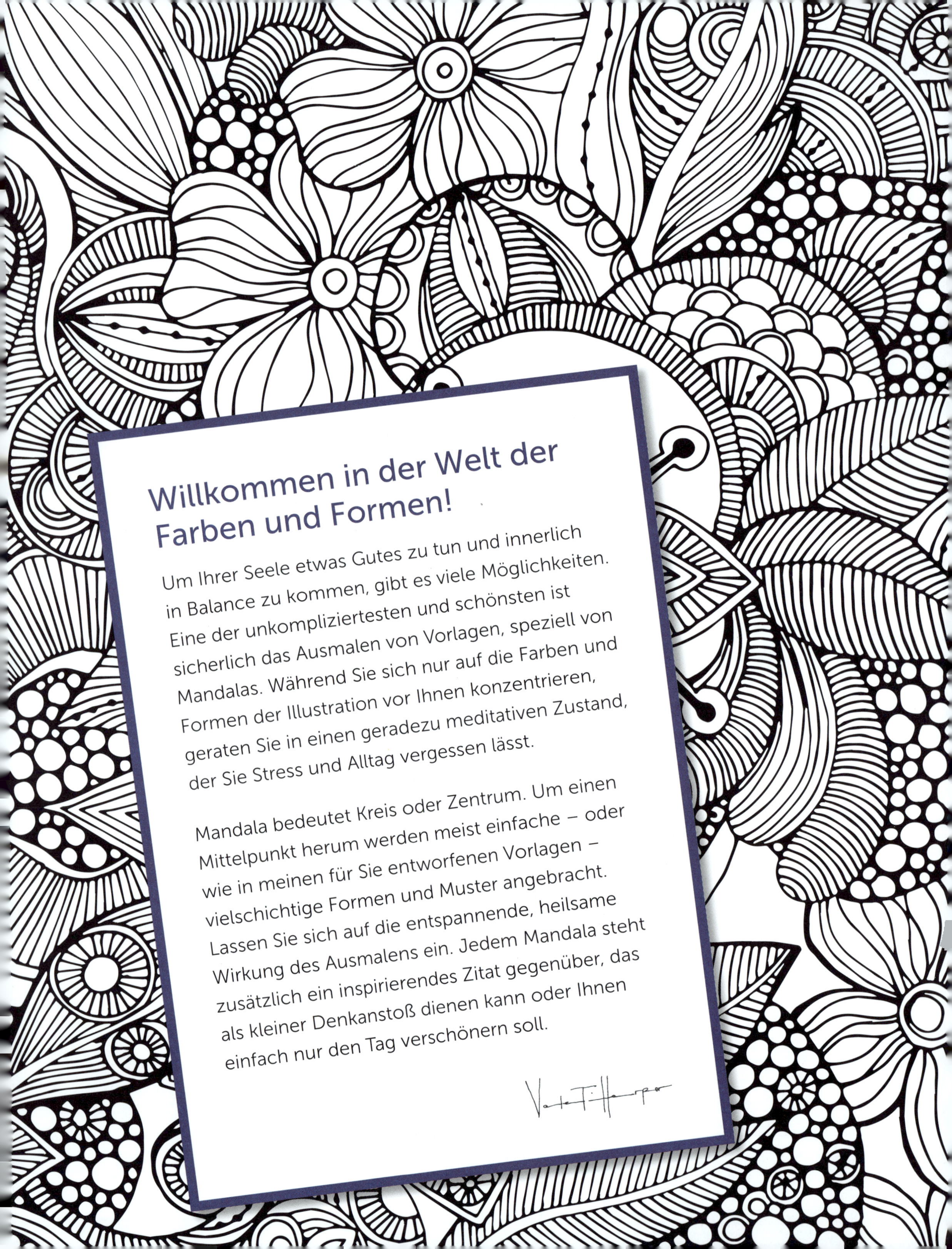

Willkommen in der Welt der Farben und Formen!

Um Ihrer Seele etwas Gutes zu tun und innerlich in Balance zu kommen, gibt es viele Möglichkeiten. Eine der unkompliziertesten und schönsten ist sicherlich das Ausmalen von Vorlagen, speziell von Mandalas. Während Sie sich nur auf die Farben und Formen der Illustration vor Ihnen konzentrieren, geraten Sie in einen geradezu meditativen Zustand, der Sie Stress und Alltag vergessen lässt.

Mandala bedeutet Kreis oder Zentrum. Um einen Mittelpunkt herum werden meist einfache – oder wie in meinen für Sie entworfenen Vorlagen – vielschichtige Formen und Muster angebracht. Lassen Sie sich auf die entspannende, heilsame Wirkung des Ausmalens ein. Jedem Mandala steht zusätzlich ein inspirierendes Zitat gegenüber, das als kleiner Denkanstoß dienen kann oder Ihnen einfach nur den Tag verschönern soll.

Aus Freude am Malen

Sie haben noch nie Vorlagen ausgemalt? Keine Sorge. Dieses Buch ist so konzipiert, dass Sie Ihrer Fantasie freien Lauf lassen können. Egal, ob Sie Buntstifte, Aquarellfarben, Pinsel-Filzstifte, Gel- oder Pastellstifte verwenden – jedes Malmittel ist geeignet, um die folgenden Mandalas farbenfroh zu gestalten. Meine Illustrationen können Sie ganz nach Ihren Wünschen ausmalen. Es liegt an Ihnen, ob Sie die eine oder andere Stelle weiß stehen lassen, ganze Flächen in einer Farbe anlegen oder jedes einzelne Feld sorgfältig einzeln kolorieren möchten. Jedes Werk wird dadurch einzigartig und auf seine Weise schön.
Dank der seitlichen Perforierung können Sie die Blätter leicht heraustrennen, um sie an die Wand zu hängen oder zu verschenken. Lassen Sie sich davon anregen, wie die bekannte Künstlerin Marie Browning meine ersten Mandalas koloriert hat. Wie Sie sehen, wirkt bei jedem Malmittel das Bild ein wenig anders. Aber jetzt nichts wie los!

Farbgestaltung: Marie Browning

Pinsel-Filzstifte
ABT Dual Brush Pen von Tombow | Frische Töne

Farbgestaltung: Marie Browning

Buntstifte
Irojiten von Tombow | Lebhafte Töne

Farbgestaltung: Marie Browning

Aquarellfarben
Aquarellfarbe von Winsor & Newton | Benachbarte Farben

Wege der Gestaltung

Von diesem Malbuch werden Sie am meisten haben, wenn Ihnen bewusst ist, dass es beim Kolorieren weder Richtig noch Falsch gibt – wie generell beim Arbeiten mit Farbe. Meine Zeichnungen sind so gestaltet, dass sie als Vorlagen für die verschiedensten Techniken dienen können.

Führen Sie sich stets vor Augen, dass es beim Kolorieren der Motive vor allem um eines geht: die Freude am Malen! Die Arbeit soll entspannen und Spaß machen. Die Bilder enthalten zahlreiche Details und Formen, die sich individuell ganz unterschiedlich ausgestalten lassen. Der kreative Prozess des Einzelnen steht dabei immer im Vordergrund. Spielen Sie also nach Herzenslust mit Ihren Lieblingsfarben, stellen Sie sie neu zusammen und experimentieren Sie.

Sie können eine Vorlage beim Ausmalen im Ganzen betrachten oder auch Element für Element angehen, sodass sich beim Kolorieren allmählich ein stimmiges Gesamtbild aufbaut. Wählen Sie die Vorgehensweise, die Ihnen persönlich liegt. Lassen Sie sich Zeit und genießen Sie das Gestalten.

Rechts sehen Sie einige Möglichkeiten, wie Sie ein Motiv kolorieren können.

Kolorieren Sie größere Bereiche der Zeichnung (zusammenhängende Felder, nicht jedes Detail) in einer Farbe.

Kolorieren Sie die Details innerhalb eines größeren Bereiches abwechselnd in verschiedenen Farben.

Lassen Sie einige Felder weiß: So vermittelt das Ganze Räumlichkeit und Leichtigkeit.

Tipps für die Farbwahl

Mir macht es großen Spaß, beim Kolorieren verschiedene Techniken zu kombinieren. Was die Wahl der Farben angeht, lautet mein Motto: Je leuchtender, desto besser! Durch intensive Töne werden Illustrationen erst lebendig.

Wichtig: Beim Ausmalen gibt es keine festen Regeln. Worauf es ankommt, ist der spielerische Umgang mit Farbe, die Entspannung beim Tätigsein – und natürlich Ergebnisse, mit denen Sie zufrieden sind.

Mischen Sie Ihre Farben nach Lust und Laune. Arbeiten Sie sich dabei von den Primärfarben über die Sekundärfarben zu den Tertiärfarben vor. Durch das Mischen verschiedener Töne lassen sich ganz unterschiedliche Wirkungen erzielen. Abwandlungen einer einzigen Farbe (monochrome Töne) wirken beispielsweise anders als Komplementärfarben, die einander im Farbkreis gegenüberliegen wie etwa Grün und Rot.
Für den Fall, dass Sie mit der Farbenlehre nicht vertraut sind, gibt es hier einen kleinen Überblick.

P **Primärfarben** sind Farben, die nicht aus anderen Farben gemischt werden können: Gelb, Blau und Rot.

S **Sekundärfarben** sind Farben, die durch die Mischung zweier Primärfarben im Verhältnis 1:1 entstehen: Grün, Violett und Orange.

T **Tertiärfarben** sind Farben, die durch die Mischung einer Primärfarbe mit einer Sekundärfarbe entstehen. Beispiele sind Grüngelb oder Rotviolett.

Trauen Sie sich, Ihre persönlichen Lieblingsfarben zusammenzumischen. Die Möglichkeiten sind grenzenlos!

Farb-Inspirationen

Auf den folgenden acht Seiten zeige ich Ihnen Beispiele dafür, wie sich meine Illustrationen farbig gestalten lassen. Koloriert hat sie die Künstlerin und Autorin Marie Browning, deren Talent ich sehr schätze. Marie hat viele unterschiedliche Techniken und Farben benutzt. Einzelheiten dazu stehen unten auf jeder Seite. Schauen Sie sich alles genau an, um sich Anregungen für Ihre eigenen Bilder zu holen.

Im Anschluss an die hier gezeigten fertigen Arbeiten warten 31 ebenso schöne Vorlagen darauf, von Ihnen ausgemalt zu werden. Beherzigen Sie die zuvor genannten Grundsätze, lassen Sie sich von den Beispielen inspirieren und greifen Sie zu Utensilien, die Sie motivieren: Buntstiften, Pinsel-Filzstiften, Aquarellfarben oder was auch immer Sie gern benutzen. Es wird Zeit, ans Malen zu gehen. Genießen Sie dabei den »Flow«, das Gefühl, dass alles wie von selbst fließt und sich Geist, Körper und Seele im Einklang befinden. Aufhören müssen Sie erst, wenn alle Seiten gefüllt sind. Viel Spaß dabei!

Irojiten-Buntstifte (Tombow), Gelstifte (Sakura®) | Lebhafte Töne |
Farbgestaltung: Marie Browning

Irojiten-Buntstifte (Tombow) | Komplementärfarben |
Farbgestaltung: Marie Browning

Pinsel-Filzstifte (Tombow) | Monochrome Töne | Farbgestaltung: Marie Browning

Irojiten-Buntstifte (Tombow), Pinsel-Filzstifte (Tombow) | Frische Töne |
Farbgestaltung: Marie Browning

Pinsel-Filzstifte (Tombow), Gelstifte (Sakura) | Kühle Töne |
Farbgestaltung: Marie Browning

Pinsel-Filzstifte (Tombow), Gelstifte (Sakura) | Sanfte Komplementärfarben |
Farbgestaltung: Marie Browning

Aquarellfarben (Winsor & Newton), Irojiten-Buntstifte (Tombow) | Warme Töne |
Farbgestaltung: Marie Browning

Aquarellfarben (Winsor & Newton) | Leuchtende Töne |
Farbgestaltung: Marie Browning

Pinsel-Filzstifte (Tombow), Gelstifte (Sakura) | Sanfte Komplementärfarben |
Farbgestaltung: Marie Browning

Ich gehe in die Natur, um Trost zu finden,
zu genesen und um meine Gedanken
neu zu ordnen.

John Burroughs

Blumen sind die Musik des Bodens,
die lautlos von der Erde Lippen quillt.

Edwin Curran

Blumen hinterlassen etwas von ihrem Duft
in der Hand dessen, der sie schenkt.

Chinesisches Sprichwort

Lebe im Augenblick.
Lass los, was einmal war.
Und sei gewiss, dass noch viel Schönes
vor dir liegt.

Katrina Mayer

In allem, was die Natur hervorbringt,
ist etwas Bewundernswertes.

Aristoteles

In Zeiten der Saat lerne,
in Zeiten der Ernte lehre,
im Winter genieße.

William Blake

Manche Dinge
lernt man am besten in der Stille,
andere im Sturm.

Willa Cather

Vom Tal aus wirkt alles groß,
doch wie klein erscheinen die Dinge,
wenn man sie vom Gipfel aus betrachtet.

Gilbert Keith Chesterton

Die Natur schenkt jedem Augenblick
und jeder Jahreszeit eine eigene Schönheit.

Charles Dickens

Bewahre dir das Vertrauen
in alle schönen Dinge –
in die Sonne, wenn sie sich versteckt,
in den Frühling, wenn er vorüber ist.

Roy Rolfe Gilson

Nichts ist beständiger als der Wandel.

Heraklit

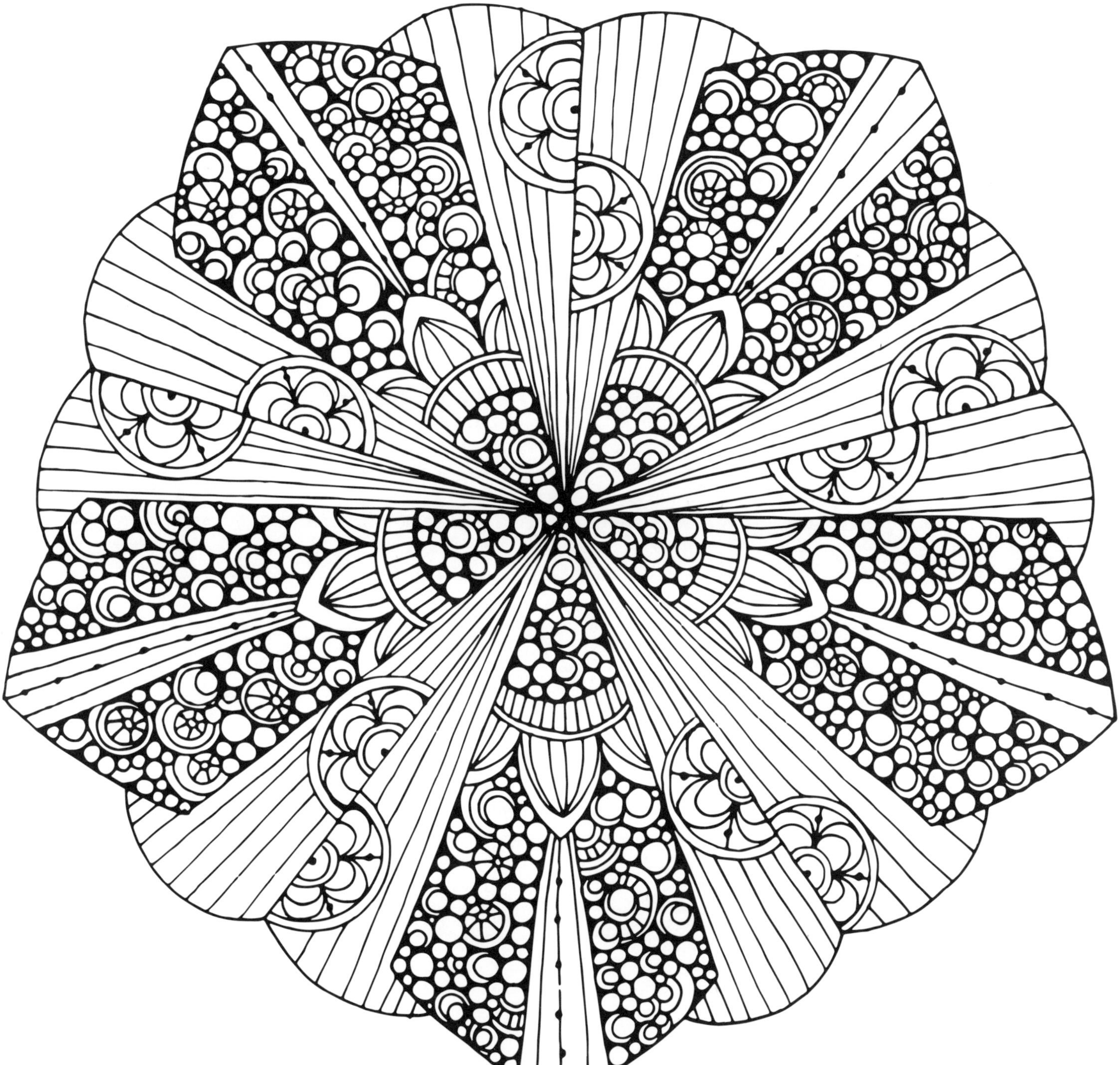

Schau ganz tief in die Natur,
und du wirst alles besser verstehen.

Albert Einstein

Wie wir unsere Tage verbringen,
zeigt natürlich, wie wir unser Leben leben.

Annie Dillard

Die Dinge im Samenkorn zu erkennen,
das ist Erleuchtung.

Laotse

Kein Pessimist hat je
das Geheimnis der Sterne entdeckt
oder ist zu unbekannten Ufern aufgebrochen
oder hat dem geistigen Horizont einen
neuen Himmel eröffnet.

Helen Keller

Die Bewohner eines Planeten
ohne Blumen müssten doch denken,
dass wir verrückt vor Freude sind,
solche Dinge dauernd um uns zu haben.

Iris Murdoch

Der Herbst ist ein zweiter Frühling,
wo jedes Blatt zur Blüte wird.

Albert Camus

Es ist gut, unser Universum zu kennen.
Was neu ist, ist nur neu für uns.

Pearl S. Buck

Das Weltall ist ein Kreis, dessen
Mittelpunkt überall,
dessen Umfang nirgends ist.

Blaise Pascal

Glück ist nicht irgendwo,
sondern hier,
nicht irgendwann, sondern jetzt.

Walt Whitman

An einem gewissen Punkt im Leben
reicht die Schönheit der Welt aus.

Toni Morrison

Die Natur ist nie in Eile.
Atom für Atom, Stück für Stück
vollbringt sie ihr Werk.

Ralph Waldo Emerson

Wende dich zur Sonne hin
und die Schatten fallen hinter dir.

Sprichwort der Maori

Mein Leben lang
ließ mich jede neue Erkenntnis der Natur
jubeln wie ein Kind.

Marie Curie

Die Sonne, mit all den Planeten,
die sie umkreisen
und von ihr abhängig sind, lässt doch
die Trauben am Rebstock reifen,
als gäbe es im Universum für sie nichts
Wichtigeres zu tun.

Galileo Galilei

Weisheit beginnt mit Staunen.

Sokrates

Welch eine himmlische Empfindung ist es,
seinem Herzen zu folgen.

Johann Wolfgang von Goethe

follow
your
heart

Die farbigen Vorlagen im Überblick

Irojiten-Buntstifte (Tombow), Gelstifte (Sakura) | Lebhafte Töne

Irojiten-Buntstifte (Tombow) | Komplementärfarben

Pinsel-Filzstifte (Tombow) | Monochrome Töne

Pinsel-Filzstifte (Tombow), Irojiten-Buntstifte (Tombow) | Frische Töne

Pinsel-Filzstifte (Tombow), Gelstifte (Sakura) | Kühle Töne

PITT-Pastellstifte (Faber-Castell), radierte Glanzlichter | Gedeckte Töne

Aquarellfarben (Winsor & Newton), Irojiten-Farbstifte (Tombow) | Warme Töne

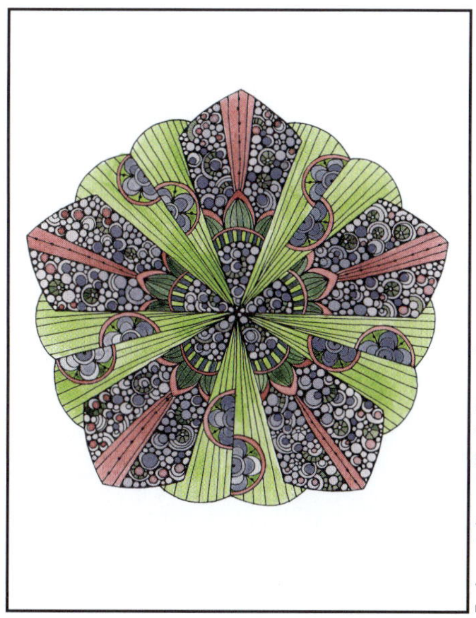

Aquarellfarben (Winsor & Newton) | Leuchtende Töne

Pinsel-Filzstifte (Tombow), Gelstifte (Sakura) | Sanfte Komplementärfarben